Henry David Thoreau
Über die Pflicht zum Ungehorsam gegen den Staat

*Essay
Aus dem Amerikanischen
von Walter E. Richartz
Mit einem Nachwort
von Manfred Allié*

Diogenes

Originaltitel: ›The Resistance to Civil
Government‹, 1849
Die deutsche Erstausgabe erschien
1966 als Handpressendruck
im Galerie Patio Verlag, Frankfurt am Main;
1967 im Diogenes Verlag
Das Nachwort von Manfred Allié
erschien 1987 im ECON Taschenbuch
Verlag GmbH, Düsseldorf
Copyright © 1987 by ECON Verlag,
Düsseldorf, Wien, New York
Abdruck mit freundlicher Genehmigung

Veröffentlicht als
Kleines Diogenes Taschenbuch, 1996
Alle Rechte an dieser Ausgabe vorbehalten
Copyright © 1996
Diogenes Verlag AG Zürich
500/96/51/1
ISBN 3 257 70051 2

Inhalt

Über die Pflicht zum Ungehorsam
gegen den Staat   7

Anhang
  Henry David Thoreaus Leben
  und Werk
    von Manfred Allié   99
  Zeittafel   118

*Über die Pflicht zum
Ungehorsam gegen den Staat*

Ich habe mir den Wahlspruch zu eigen gemacht: »Die beste Regierung ist die, welche am wenigsten regiert«; und ich sähe gerne, wenn schneller und gründlicher nach ihm gehandelt würde. Wenn er verwirklicht wird, dann läuft es auf dies hinaus – und daran glaube ich auch: »Die beste Regierung ist die, welche gar nicht regiert«; und wenn die Menschen einmal reif dafür sein werden, wird dies die Form ihrer Regierung sein. Eine Regierung ist bestenfalls ein nützliches Instrument; aber die meisten Regierungen sind immer – und alle sind manchmal – unnütz. Die Einwände, die man gegen ein stehendes Heer vorgebracht hat – und davon gibt es viele und gewichtige, die sich durchsetzen sollten –, können letztlich auch gegen eine ständige Regierung erhoben werden. Das stehende Heer ist doch nur ein Arm der ständigen Regierung. Diese Regierung aber, die nichts weiter als die Form ist, welche das Volk zur Ausführung seines Willens gewählt hat, kann leicht mißbraucht und verdorben werden, bevor das Volk Einfluß darauf nehmen kann. Der Krieg in Mexiko beweist es, das Werk einer vergleichsweise geringen Zahl von einzelnen, welche die ständige Regierung als ihr Werkzeug benutzt: das Volk hätte dieser Maßnahme von vornherein nicht zugestimmt.

Was ist die amerikanische Regierung

anderes als eine Tradition – und noch dazu eine recht junge –, die danach strebt, sich selbst ohne Machteinbuße für die Nachwelt zu erhalten, die dabei aber in jedem Augenblick mehr von ihrer Glaubwürdigkeit verliert? Sie hat ja nicht einmal die Lebenskraft und Energie eines einzigen lebensvollen Mannes; denn ein einzelner kann sie nach seinem Willen zurechtbiegen. Sie ist eine Art Holzkanone für das Volk; wenn man sie je im Ernst gebrauchen würde – sie würde ganz sicher platzen. Deshalb ist sie aber nicht weniger notwendig; die Leute brauchen einfach irgendeine umständliche Maschine, sie wollen ihr Geräusch hören, um die Vorstellung zu befriedigen, die sie von einer Regierung haben. Regierungen führen uns also vor, wie leicht man die Menschen betrügen kann, ja, wie sie sich sogar selbst betrügen – und zwar zu ihrem eigenen Vorteil. Wir müssen zugeben: es ist eindrucksvoll; nur, von sich aus hat diese Regierung noch nie irgendeine Unternehmung gefördert, höchstens durch die Behendigkeit, mit der sie ihr aus dem Weg gegangen ist. Sie bewahrt nicht die Freiheit des Landes. Sie besiedelt den Westen nicht. Sie erzieht nicht. Alles, was erreicht wurde, verdanken wir dem eingewurzelten Charakter des amerikanischen Volkes; und der würde mehr ausgerichtet haben, wenn die Regierung nicht so oft im Wege gelegen hätte. Denn die Regierung ist ein Instrument, mit dessen Hilfe sich die Menschen endlich gegenseitig in Ruhe lassen könnten; und sie ist, wie gesagt, um so nützlicher, je mehr die Regierten von ihr in Ruhe gelassen werden. Wie aber ist es in Wirklichkeit? Wenn sie nicht aus Gummi wären, könnten Handel und Wirtschaft niemals die Hindernisse überspringen, welche die Gesetzgeber ihnen unaufhörlich in den Weg legen; wenn man diese Leute nur nach ihrer Wirkung und nicht teilweise auch nach ihren Absichten beurteilte, dann verdienten sie, zusammen mit jenem Gesindel eingestuft und bestraft zu werden, das Hindernisse auf Eisenbahnschienen legt.

Ich will sachlich reden, und nicht wie die Leute, die sich gegen jede Regierung erklären. Ich sage nicht: von jetzt an keine Regierung mehr, sondern: von jetzt an eine bessere Regierung. Jedermann soll erklären, vor welcher Art von Regierung er Achtung haben könnte, und das wird ein Schritt auf dem Weg zu ihr sein.

Der praktische Grund, warum die Mehrheit regieren und für längere Zeit an der Regierung bleiben darf, wenn das Volk die Macht hat, ist schließlich nicht, daß die Mehrheit das Recht auf ihrer Seite hat, auch nicht, daß es der Minderheit gegenüber fair ist, sondern ganz einfach, daß sie physisch am stärksten ist. Aber eine Regierung, in der die Mehrheit in *jedem* Fall den Ausschlag gibt, kann nicht auf Gerechtigkeit begründet sein, nicht einmal soweit Menschen die Gerechtigkeit verstehen. Könnte es nicht eine Regierung geben, in der nicht die Mehrheit über Falsch und Richtig befindet, sondern das Gewissen? – in der die Mehrheit nur solche Fragen entscheidet, für die das Gebot der Nützlichkeit gilt? Muß der Bürger auch nur einen Augenblick, auch nur ein wenig, sein Gewissen dem Gesetzgeber überlassen? Wozu hat denn dann jeder Mensch ein Gewissen? Ich finde, wir sollten erst Menschen sein, und danach Untertanen. Man sollte nicht den Respekt vor dem Gesetz pflegen, sondern vor der Gerechtigkeit. Nur eine einzige Verpflichtung bin ich berechtigt einzugehen, und das ist, jederzeit zu tun, was mir recht erscheint. Man sagt, daß vereinte Masse kein Gewissen hat – und das ist wahr genug; gewissenhafte Menschen aber verbinden sich zu einer Vereinigung *mit* Gewissen. Das Gesetz hat die Menschen nicht um ein Jota gerechter gemacht; gerade durch ihren Respekt vor ihm werden auch die Wohlgesinnten jeden Tag zu Handlangern des Unrechts.

Ein allgemeines und natürliches Ergebnis dieses ungebührlichen Respektes vor dem Gesetz sieht man zum Beispiel in einer Kolonne von Soldaten: Oberst, Hauptmann, Korporal, Gemeine, Pulverjungen und alles, wie sie in bewundernswerter Ordnung über Tal und Hügel in den Krieg marschieren, wider ihren Willen, ja wider ihre gesunde Vernunft und ihr Gewissen – weshalb es ein recht anstrengender

Marsch wird und beträchtliches Herzklopfen verursacht. Sie zweifeln nicht daran, daß es ein verdammenswertes Geschäft ist, mit dem sie sich da befassen; sie möchten alle friedlich sein. Aber was sind sie denn eigentlich? Sind sie überhaupt Männer, oder kleine bewegliche Verschanzungen und Waffenlager, und irgendeinem skrupellosen Menschen, der gerade an der Macht ist, zu Diensten? Geht doch einmal zu einem Kriegshafen und seht euch einen Matrosen an, eine Art Mensch, wie nur die amerikanische Regierung sie zustande bringt, ein Ding, das sie mit ihren bösen Künsten aus einem Menschen macht – es ist nur noch ein Schatten und eine schwache Erinnerung von Menschentum, ein Mann, lebendig aufgebahrt und aufrecht, doch sozusagen schon unter Waffen begraben und von einem Leichenzug begleitet, obgleich es auch noch anders sein kann:

> *Kein Begräbnis, kein Trommelgruß,*
> *Als wir seinen Leichnam zu den Wällen trugen.*
> *Kein Soldat gab einen Abschiedsschuß*
> *Über dem Grab, in das wir unsern Helden legten.*

Die Mehrzahl der Menschen dient also dem Staat mit ihren Körpern nicht als Menschen, sondern als Maschinen. Sie bilden das stehende Heer und die Miliz, die Gefängniswärter, die Konstabler, Gendarmen etc. In den meisten Fällen bleibt da kein Raum mehr für Urteil oder moralisches Gefühl; sie stehen auf derselben Stufe wie Holz und Steine; vielleicht könnte man Holzmänner herstellen, die ebenso zweckdienlich wären. Solche Wesen flößen nicht mehr Achtung ein als Strohmänner oder ein Dreckklumpen. Sie sind nicht mehr wert als Pferde oder Hunde. Und doch hält man sogar solche Menschen gewöhnlich für gute Bürger. Andere, wie die meisten Gesetzgeber, Politiker, Advokaten, Pfarrer und Würdenträger, dienen dem Staat vor allem mit ihren Köpfen; doch weil sie selten moralische Unterschiede machen, könnten sie – ohne es zu wollen – ebensowohl dem Teufel dienen wie Gott. Nur wenige Helden, Patrioten, Märtyrer, wirkliche Reformer und Männer dienen dem Staat auch mit dem Gewissen; *sie* werden gewöhnlich von ihm als Feinde behandelt. Ein Weiser wird immer nur als Mensch dienlich sein wollen, er wird sich nicht dazu hergeben, ›Lehm‹ zu sein, um ›ein Loch zu stopfen, um den Wind abzuhalten‹, sondern er wird diese Aufgabe dem Staub überlassen:

> *Zu hoch geboren bin ich,*
>   *um jemands Eigentum,*
> *Der Zweite nur zu sein am Steuer,*
> *Nützlicher Dienstmann und*
>   *Werkzeug*
> *Für irgendeine Macht auf*
>   *dieser Erde.*

Wer sich ganz seinen Mitmenschen hingibt, erscheint ihnen nutzlos und eigensüchtig; wer sich aber nur zum Teil gibt, wird zum Wohltäter und Menschenfreund erklärt.

Wie also soll man sich heutzutage zu dieser amerikanischen Regierung verhalten? Ich antworte, daß man sich nicht ohne Schande mit ihr einlassen kann. Nicht für einen Augenblick kann ich eine politische Organisation als *meine* Regierung anerkennen, die zugleich auch die Regierung von *Sklaven* ist.

Alle Menschen bekennen sich zum Recht auf Revolution; das heißt zu dem Recht, der Regierung die Gefolgschaft zu verweigern und ihr zu widerstehen, wenn ihre Tyrannei oder ihre Untüchtigkeit zu groß und unerträglich wird. Aber fast alle sagen, das sei jetzt nicht der Fall. Wohl aber glauben sie, während der Revolution von '75 sei es der Fall gewesen. Nun, wenn mir jetzt jemand damit käme, unsere Regierung sei schlecht, weil sie gewisse ausländische Waren besteuerte, die in ihre Häfen gebracht worden sind, dann würde ich wahrscheinlich kein großes Lamento darüber anstimmen, denn ich kann ohne diese Waren auskommen. Alle Maschinen haben eine gewisse Trägheit, und das würde wahrscheinlich genügen, um das Übel aufzuheben. Auf jeden Fall ist es ein großer Fehler, deshalb solchen Lärm zu schlagen. Wenn aber die Trägheit einen eigenen Apparat erhält, wenn Unterdrückung und Raub organisiert werden, dann sage ich: Wir wollen solch einen Apparat nun nicht länger dulden. Mit anderen Worten, wenn ein Sechstel der Bevölkerung einer Nation, die sich selbst zu einer Zuflucht der Freiheit gemacht hat, versklavt ist und wenn ein ganzes Land widerrechtlich überrannt, von einer fremden Armee erobert und dem Kriegsrecht unterworfen wird, dann, meine ich, ist es nicht zu früh für ehrliche Leute, aufzustehen und zu rebellieren. Und es wird nur noch dringender zur Pflicht durch die Tatsache, daß es nicht unser Land ist, welches man derart überrannt hat, und daß es unsere Armee ist, die dort überfällt.

Paley, eine bekannte Autorität für Fragen der Moral, führt in seinem

Kapitel über die ›Pflicht zur Unterwerfung unter die Staatsgewalt‹ alle Bürgerpflicht auf die Zweckmäßigkeit zurück; dann fährt er mit den Worten fort: »Solange das Interesse des Ganzen es erfordert, das heißt, solange wie man sich der bestehenden Regierung nicht widersetzen oder sie ohne allgemeine Unbequemlichkeit verändern kann, ist es Gottes Wille, daß man der bestehenden Regierung gehorcht – und nicht länger.« – »Läßt man dieses Prinzip zu, dann kann man jeden einzelnen Fall von Widerstand zurückführen auf eine Aufrechnung der Größe der Gefahr und des Ärgernisses auf der einen gegenüber der Erfolgschance und den Kosten auf der anderen Seite.« Er sagt, darüber solle jedermann selbst urteilen. Aber Paley hat anscheinend niemals die Fälle bedacht, auf die man das Gesetz der Zweckmäßigkeit nicht anwenden kann, die Fälle, in denen ein Volk, ebenso wie der Einzelmensch, Gerechtigkeit üben muß, koste es, was es wolle. Wenn ich einem Ertrinkenden das Holzbrett entrissen habe, mit dem er sich über Wasser gehalten hat, dann muß ich es ihm zurückgeben, und wenn ich dabei selbst ertrinke. Paley zufolge wäre das unbequem. Wer aber in solcher Lage sein Leben rettet, der wird es verlieren. Dieses Volk muß aufhören, Sklaven zu halten und in Mexiko Krieg zu führen, und wenn es seine Existenz als Volk kosten würde. In der Praxis verfahren die Nationen nach Paleys Rezept; glaubt aber jemand, daß Massachusetts in der gegenwärtigen Krise das Richtige tut?

Ein miserables Land,
Eine rechte Talmi-Schlampe
Läßt sich die Schleppe tragen, und
Die Seele schleift im Schmutz.

Die Gegner einer Reform in Massachusetts sind in Wirklichkeit nicht hunderttausend Politiker im Süden, sondern hunderttausend Krämer und Bauern bei uns, die sich mehr für Handel und Landwirtschaft interessieren als für die Menschlichkeit und die nicht bereit sind, den Sklaven und dem Lande Mexiko gerecht zu werden, *koste es, was es wolle.* Ich kämpfe nicht gegen Feinde an, die weit weg sind, sondern gegen die Feinde hier, in der Nähe, die mit denen im Süden zusammenarbeiten, den Fürsprechern jener, ohne die sie machtlos wären. Wir sagen gewöhnlich, die Masse der Menschen sei unreif; aber dieser Zustand bessert sich nur deshalb so langsam, weil die ›Wenigen‹ nicht wesentlich besser oder klüger sind als die ›Vielen‹. Es ist nicht so wichtig, daß die große Menge ebenso gut ist wie ihr, sondern daß es überhaupt irgendwo vollkommene Güte gibt; denn das wird die Masse mitreißen. Es gibt Tausende, die im *Prinzip* gegen Krieg und Sklaverei sind und die doch praktisch nichts unternehmen, um sie zu beseitigen; die sich auf den Spuren Washingtons oder Franklins glauben und zugleich ruhig sitzen bleiben, die Hände in den Taschen, sagen, sie wüßten nicht, was zu tun sei, und eben auch nichts tun; Menschen, für die die Frage der Freiheit hinter der des Freihandels zurücktritt und die nach dem Essen in aller Ruhe die Tagespreise zugleich mit den letzten Nachrichten aus Mexiko lesen und vielleicht über dieser Lektüre einschlafen. Wie hoch steht heute wohl der Tagespreis für einen Ehrenmann oder Patrioten? Sie zögern, sie bedauern, und manchmal unterschreiben sie auch Bittschriften, aber sie tun nichts ernsthaft und wirkungsvoll. Sie warten – wohlsituiert –, daß andere den Übelstand abstellen, damit sie nicht mehr daran Anstoß nehmen müssen. Höchstens geben sie ihre Stimme zur Wahl, das kostet nicht viel, und der Gerechtigkeit geben sie ein schwaches Kopfnicken und die besten Wünsche mit auf den Weg, während sie an ihnen vorübergeht. Es gibt neunhundertneunundneunzig Gönner der Tugend auf einen tugendhaften Mann. Aber es ist besser, mit dem wirklichen Besitzer einer Sache zu verhandeln, als mit ihrem zeitweiligen Hüter.

Alle Wahlen sind eine Art Spiel, wie Schach oder Puff, nur mit einem winzigen moralischen Beigeschmack, ein Spiel um Recht und Unrecht, um moralische Probleme; natürlich setzt man auch Wetten darauf. Doch für den Wähler steht nichts auf dem Spiel. Ich wähle so, wie es mir eben recht erscheint; ich versteife mich nicht darauf, daß die Billigkeit sich dabei durchsetzt. Das überlasse ich gerne der Mehrheit. Die Verpflichtung geht hier nicht über die Zweckmäßigkeit hinaus. Auch für das *Rechte stimmen* heißt, *nichts dafür tun*. Allenfalls gibt man den Menschen sanft zu verstehen, man wünsche, es möge sich durchsetzen. Ein kluger Mensch wird die Gerechtigkeit nicht der Gnade des Zufalls überlassen, er wird auch nicht wollen, daß sie durch die Macht der Mehrheit wirksam werde. Denn in den Handlungen von Menschenmassen ist die Tugend selten zu Hause. Wenn die Mehrheit schließlich für die Beseitigung der Sklaverei stimmen wird, dann deshalb, weil es dann kaum noch etwas anderes als die Sklaverei geben wird, das durch ihre Stimme beseitigt werden kann. *Sie* werden dann die einzigen Sklaven sein. Nur wer mit seiner Stimme seine Freiheit aufweist, kann mit dieser Stimme die Befreiung der Sklaven beschleunigen.

Ich hörte, daß man in Baltimore, oder weiß Gott wo, eine Versammlung abhalten will, um den Präsidentschaftskandidaten zu wählen; es ist eine Versammlung vor allem von Journalisten und Berufspolitikern; aber was bedeutet schon ihre Entscheidung für einen unabhängigen, intelligenten und achtbaren Menschen? Sollten wir nicht wenigstens die Vorzüge der Weisheit und Ehrlichkeit genießen? Können wir nicht auch auf einige unabhängige Wahlstimmen rechnen?

Gibt es in diesem Land nicht viele, die den Versammlungen gar nicht beiwohnen? Aber nein: ich sehe schon, daß der sogenannte Ehrenmann eiligst von seiner bisherigen Haltung und von der Not seines Landes abrückt und daß das Land mehr Grund hat, an *seiner* Not zu verzweifeln. Und gleich erklärt er sich für den derart gewählten Kandidaten – dieser sei nämlich der einzig *verfügbare* – und beweist damit, daß er selbst für alle demagogischen Zwecke *verfügbar* ist. Seine Stimme hat nicht mehr Wert als die eines Fremden, der mit unseren Grundsätzen nicht vertraut ist, oder die eines eingeborenen Söldners, den man gekauft hat. Denn ein Mann, der wirklich einer ist, hat ein Rückgrat, durch das man – wie mein

Nachbar es sagt – nicht seine Hand stecken kann! Es stimmt etwas nicht mit unseren Statistiken: die Bevölkerungszahl, welche sie angeben, ist zu hoch. Wie viele *Männer* gibt es in diesem Land auf tausend Meilen im Quadrat? Kaum einen. Hat Amerika etwas zu bieten für Männer, die sich hier niederlassen wollen? Der Amerikaner hat sich zu einem Bruder Maurer zurückentwickelt, den man an seinem ausgeprägten Herdentrieb, seinem Mangel an Verstand und seiner fröhlichen Selbstgefälligkeit erkennen wird; wenn er in diese Welt tritt, ist sein erstes und Hauptanliegen, ob die Armenhäuser auch in gutem Zustand sind, und, bevor er alt genug ist, um Männerkleidung zu tragen, einen

Fonds zur Unterstützung von Witwen und Waisen zu sammeln. Kurz, der es nur mit Hilfe einer Versicherung riskiert zu leben, die ihm ein anständiges Begräbnis versprochen hat.

Der Mensch ist nicht unbedingt verpflichtet, sich der Austilgung des Unrechts zu widmen, und sei es noch so monströs. Er kann sich auch anderen Angelegenheiten mit Anstand widmen; aber zum mindesten ist es seine Pflicht, sich nicht mit dem Unrecht einzulassen, und wenn er schon keinen Gedanken daran wenden will, es doch wenigstens nicht praktisch zu unterstützen. Wenn ich mich mit anderen Gegenständen und Betrachtungen befassen will, dann muß ich mindestens darauf achten, daß ich dabei keinem anderen auf dem Rücken sitze. Ich muß ihn schon freigeben, daß auch er seinen Belangen nachgehen kann. Aber seht nur, welche Inkonsequenz man hinnimmt. Ich hörte, wie zwei Mitbürger miteinander sprachen: »Sie sollen nur kommen und mir befehlen, den Sklavenaufstand zu unterdrücken oder gegen Mexiko zu marschieren – wir werden ja sehen, ob ich es täte!« Und diese Leute haben doch gerade selbst für Ersatz gesorgt, unmittelbar, indem sie damit einverstanden sind, daß es geschieht, und mittelbar durch ihr Geld. Dem Soldaten, der sich weigert, in einen ungerechten Krieg zu ziehen, spenden dieselben Leute Beifall, die sich nicht weigern, die ungerechte Regierung zu stützen, die diesen Krieg verursacht hat; es sind dieselben Leute, deren Handlungen und Auftrag der Soldat ignoriert und für nichtig erklärt; es ist gerade, als ob der Staat so reuig sei, daß er jemanden bestellt, der ihn geißeln soll, wenn er sündigt, doch so reuig auch wieder nicht, daß er auch nur für einen Augenblick damit aufhörte. So bringt man uns im Namen der Ordnung und der Zivilisation dazu, uns schließlich unserer eigenen Bösartigkeit zu beugen und sie zu unterstützen. Auf das erste Erröten vor der Sünde folgt die Gleichgültigkeit; war sie zuerst unmoralisch, so wird sie nun amoralisch, und das ist nicht einmal so abwegig bei dem Leben, das wir uns eingerichtet haben.

Um einen allgemeinen und überall

anerkannten Irrtum aufrechtzuerhalten, bedarf es der selbstlosesten Tugend. Dem kleinen Fehler, welcher der Tugend des Patriotismus anhaftet, verfallen gerade die Edlen am leichtesten. Es sind gerade die ehrenhaftesten Verteidiger der Regierung, welche dieser ihre loyale Unterstützung gewähren, während sie doch Einstellung und Maßnahmen dieser Regierung mißbilligen – und sie bilden die ernstesten Hindernisse für Reformen. Einige verlangen in Bittschriften vom Staat, er möge doch die Union auflösen und die Anordnungen des Präsidenten mißachten. Warum lösen sie sie nicht selber auf? Nämlich die Union zwischen sich selbst und dem Staat, und warum weigern sie sich nicht, ihren Anteil in den Staatsschatz zu zahlen? Stehen sie denn zu ihrem Staat nicht in demselben Verhältnis, in dem der Staat zur Union steht? Und haben nicht den Staat die gleichen Gründe daran gehindert, sich der Union zu widersetzen, welche sie selbst daran gehindert haben, sich dem Staat zu widersetzen?

Wie kann sich jemand nur damit zufriedengeben, daß er eine Meinung hat! Was für eine Genugtuung liegt darin, wenn es seine Meinung ist, daß er bedrückt sei? Wenn dein Nachbar dich auch nur um einen Dollar betrügt, dann genügt es dir nicht zu wissen, daß du betrogen worden bist, auch nicht, ihm eine Bittschrift zuzustellen, er möge dir die Schuld zurückzahlen; vielmehr wirst du wirksame Schritte unternehmen, um sofort die ganze Summe zurückzubekommen und die Gewähr, daß du nicht wieder betrogen werden wirst. Wer nach Grundsätzen handelt, das Recht wahrnimmt und es in Taten umsetzt, verändert die Dinge und Verhältnisse; dies ist das Wesen des Revolutionären, es gibt sich nicht mit vergangenen Zuständen zufrieden. Es trennt nicht nur Staaten und Kirchen, es spaltet Familien. Ja, es spaltet den Einzelmenschen, indem es das Teuflische in ihm von dem Göttlichen scheidet.

Es gibt ungerechte Gesetze: sollen wir ihnen befriedigt gehorchen, oder sollen wir es auf uns nehmen, sie zu bessern, und ihnen nur so lange gehorchen, bis wir das erreicht haben, oder sollen wir sie vielleicht sofort übertreten? Die Leute glauben im allgemeinen, unter einer Regierung, wie wir sie jetzt haben, sollten sie warten, bis sie die Mehrheit zu den Änderungen überredet haben. Wenn sie Widerstand leisteten, so glauben sie, wäre die Kur schlimmer als die Krankheit. Aber es ist die Regierung, die allein schuld hat, daß die Kur schlimmer als die Krankheit ist. Sie macht sie schlimmer. Warum tut sie nicht mehr dafür, Reformen vorzusehen und einzuleiten? Warum achtet sie nicht auf ihre verständige Minderheit? Warum muß sie lärmen und sich sträuben, bevor sie noch Schaden gelitten hat? Warum ermutigt sie die Bürger nicht, wachsam zu sein und ihre Fehler anzuzeigen und ihr damit Besseres zu tun, als an ihnen getan wurde? Warum wird Christus immer aufs neue gekreuzigt, Kopernikus und Luther exkommuniziert und Washington und Franklin noch immer zu Rebellen erklärt?

Es scheint, daß eine bewußte und aktive Verleugnung ihrer Staatsgewalt der einzige Angriff ist, auf den die Regierung nicht gefaßt war; oder warum hat sie dafür keine angemessene Strafe eingeführt? Wenn jemand, der nichts besitzt, sich nur einmal weigert, für den Staat neun Schillinge zu verdienen, steckt man ihn dafür für eine Zeit ins Gefängnis, die durch kein mir bekanntes Gesetz befristet und nur nach dem Ermessen derer begrenzt wird, die ihn da hineingebracht haben; hätte er aber neunzig mal neun Schillinge vom Staat gestohlen, dann wäre er bald wieder freigelassen.

Wenn die Ungerechtigkeit nur eine unvermeidliche Folge der Trägheit der Regierungsmaschine ist, dann laß es in Gottes Namen dabei: Irgendwann wird sich das einlaufen – auf jeden Fall wird sich die Maschine ausleiern. Wenn die Ungerechtigkeit einen Ursprung hat, ein Zahnrad oder einen Übertragungsriemen oder eine Kurbel, wovon sie ausschließlich herstammt, dann kannst du vielleicht erwägen, ob die Kur vielleicht schlimmer wäre als das Übel; wenn aber das Gesetz so beschaffen ist, daß es notwendigerweise aus dir den Arm des Unrechts an einem anderen macht, dann, sage ich, brich das Gesetz. Mach dein Leben zu einem Gegengewicht, um die Maschine aufzuhalten. Jedenfalls muß ich zusehen, daß ich mich nicht zu dem Unrecht hergebe, das ich verdamme.

Was die Auswege angeht, welche der Staat angeblich bietet, um das Übel zu heilen, so kenne ich sie nicht. Sie sind zu langwierig, und ein Menschenleben ginge darüber hin. Ich habe schließlich andere Angelegenheiten, um die ich mich kümmern muß. Ich bin in diese Welt gekommen, um darin zu leben, ob nun schlecht oder recht, aber nicht unbedingt, um sie so zu verbessern, daß man gut darin lebt. Ein Mensch soll nicht alles tun, sondern etwas; und weil er nicht *alles* tun kann, soll er nicht ausgerechnet *etwas* Unrechtes tun. Meine

Sache ist es nicht, mehr Bittschriften an den Gouverneur oder an die Gesetzgeber zu richten als sie an mich; und wenn sie dann meine Bitten gar nicht anhören wollten, was sollte ich dann tun? Für einen solchen Fall hat der Staat eben keine Abhilfe vorgesehen; der Fehler liegt in der Verfassung selbst. Vielleicht scheint dies schroff, stur und unnachgiebig; aber ich kann verlangen, daß man dieser Haltung mit der höchstmöglichen Achtung und dem größtmöglichen Verständnis begegnet, sie verdient es. Jede Wende zum Besseren erschüttert den Körper in Krämpfen wie Geburt und Tod.

Ohne zu zögern, sage ich, daß die, welche sich Abolitionisten nennen, unverzüglich und wirkungsvoll der

Regierung von Massachusetts ihre Unterstützung versagen sollen, sowohl mit ihrer Person wie mit ihrem Eigentum, und daß sie nicht warten sollen, bis sie eine Mehrheit von einer Stimme haben, damit das Recht durch sie die Oberhand gewinnt. Ich finde, es reicht, wenn sie Gott auf ihrer Seite haben, auf den anderen brauchen sie nicht zu warten. Im übrigen bildet jeder, der mehr im Recht ist als seine Nachbarn, schon eine Mehrheit um eine Stimme.

Ich begegne dieser amerikanischen Regierung, oder vielmehr ihrer Vertretung, der Regierung dieses Bundesstaates, einmal im Jahr – unmittelbar, Auge in Auge –, und zwar in der Person des Steuereinnehmers; das ist die einzige Art und Weise, in der jemand in meiner Lage ihr unweigerlich begegnet; und dann sagt sie klar und deutlich: Erkenne mich an. Nun, dann ist die einfachste, wirkungsvollste und – so wie die Dinge jetzt liegen – unumgänglichste Methode des Verkehrs mit ihr, durch welche ich zugleich auch meine winzige Zuneigung und Liebe für sie ausdrücke: meine Weigerung. Der Mann, mit dem ich zu verhandeln habe, mein guter Nachbar, der Steuereinnehmer – schließlich streite ich doch mit Menschen und nicht mit Papier –, er ist freiwillig ein Organ der Regierung geworden. Wie soll er je kennenlernen, was er darstellt und was er als Beamter der Regierung tun muß, oder vielleicht auch als Mensch, solange er nicht zu der Entscheidung gezwungen ist, ob er mich, seinen achtbaren Nachbarn, auch als Nachbarn und ordentlichen Menschen behandeln soll oder als einen Verrückten oder Friedensstörer, und solange er sich nicht bemühen muß, mich über solche Hindernisse hinweg gutnachbarlich zu behandeln, ohne sein Tun mit unnötig rauhen und heftigen Gedanken und Worten zu begleiten. Ich weiß ganz genau, wenn nur tausend Menschen, hundert, zehn, ja sogar wenn nur *ein* Ehrenmann im Staate Massachusetts, weil er keine Sklaven mehr halten will, nicht mehr an dieser Gemeinschaft teilhaben wollte und dafür ins Gefängnis gesperrt würde: es wäre das Ende der Sklaverei in Amerika. Denn es spielt keine Rolle, wie gering die An-

fänge zu sein scheinen: was einmal
wohlgetan ist, ist für immer getan.
Aber wir reden lieber darüber; wir sagen, das sei unsere Aufgabe. Im Dienst
der Reform stehen Dutzende von Zeitungen, aber kein einziger Mensch.
Wenn mein werter Nachbar, der Abgesandte des Staates, der, wie er sagt,
seine Tage mit der Erörterung der
Menschenrechte in der beratenden
Versammlung zubringen möchte, einmal in Massachusetts gefangen säße,
nicht irgendwo in Carolina bloß mit
Gefängnis *bedroht* wäre, dann würden
die Abgeordneten diesen Winter die
Angelegenheit wohl nicht wieder links
liegenlassen. Wohlgemerkt: hier in
Massachusetts, jenem Staat, der so
gerne seinem Bruderstaat die Sklaverei

vorwirft, obgleich man als Streitgrund nicht mehr entdecken kann als den Mangel an Gastfreundschaft.

Unter einer Regierung, die irgend jemanden unrechtmäßig einsperrt, ist das Gefängnis der angemessene Platz für einen gerechten Menschen. Der rechte Platz, der einzige, den Massachusetts seinen freieren und weniger kleinmütigen Geistern anzubieten hat, ist eben das Gefängnis, wo sie von Staates wegen ausgesetzt und ausgeschlossen werden, nachdem sie sich durch ihre Grundsätze schon selbst ausgeschlossen haben. Der entflohene Sklave, der mexikanische Kriegsgefangene auf Parole und der Indianer mit seinen Anklagen gegen das Unrecht, das man seiner Rasse zugefügt: nur hier sollen sie ihn finden, im Gefängnis; auf diesem abgeschiedenen, aber freieren und ehrbareren Boden, wo der Staat jene hinbringt, die nicht *mit* ihm, sondern *gegen* ihn sind: es ist das einzige Haus in einem Sklavenstaat, das ein freier Mann in Ehren bewohnen kann. Vielleicht glauben manche, daß sie dort ihren Einfluß verlieren, daß ihre Stimme das Ohr des Staates nicht mehr erreicht, sie glauben, daß ihre Feindschaft innerhalb dieser Mauern unwirksam wäre – aber sie wissen nicht, um wieviel die Wahrheit stärker ist als der Irrtum und wieviel ausdrucksvoller und wirksamer sie die Ungerechtigkeit bekämpfen können, wenn sie sie nur ein bißchen an sich selbst erfahren haben. Lege in deine

Stimme das ganze Gewicht, wirf nicht nur einen Papierzettel, sondern deinen ganzen Einfluß in die Waagschale. Eine Minderheit ist machtlos, wenn sie sich der Mehrheit anpaßt; sie ist dann noch nicht einmal eine Minderheit; unwiderstehlich aber ist sie, wenn sie ihr ganzes Gewicht einsetzt. Vor der Wahl, ob er alle anständigen Menschen im Gefängnis halten oder Krieg und Sklaverei aufgeben soll, wird der Staat mit seiner Antwort nicht zögern. Wenn tausend Menschen dieses Jahr keine Steuern bezahlen würden, so wäre das keine brutale und blutige Maßnahme – das wäre es nur, wenn sie sie zahlten und damit dem Staat erlaubten, Brutalitäten zu begehen und Blut zu vergießen. Das erstere ist, was wir unter einer friedlichen Revolution verstehen – soweit sie möglich ist. Wenn nun aber – wie es geschehen ist – der Steuereinnehmer oder irgendein anderer Beamter mich fragt: »Was soll ich aber jetzt tun?«, so ist meine Antwort: »Wenn du wirklich etwas tun willst, dann gib dein Amt auf.« Wenn einmal der Untertan den Gehorsam verweigert und der Beamte sein Amt niedergelegt hat, dann hat die Revolution ihr Ziel erreicht. Doch nehmt ruhig an, daß dabei auch Blut vergossen werden müßte. Wird denn nicht gewissermaßen Blut vergossen, wenn das Gewissen verletzt ist? Durch diese Wunde fließt das wahre Menschentum eines Mannes und seine Unsterblichkeit, und er verblutet zu immerwährendem Tod. Heute sehe ich dieses Blut fließen.

Ich habe gefunden, daß man den Gesetzesbrecher lieber einsperrt, anstatt seinen Besitz zu beschlagnahmen – obgleich sonst beides den Strafzweck erfüllt –, weil diejenigen, welche am striktesten auf dem Recht bestehen und daher für einen verdorbenen Staat die größte Gefahr darstellen, sich meistens nicht viel Zeit zur Ansammlung von Eigentum genommen haben. Der Staat ist für solche Menschen nur von geringem Nutzen, selbst eine bescheidene Steuer wird da schon übertrieben scheinen, besonders, wenn sie gezwungen sind, sie eigenhändig zu verdienen. Gäbe es jemanden, der gänzlich ohne Geld auskäme, sogar der Staat würde zögern, welches von ihm zu verlangen. Aber der Reiche hat sich – ohne daß ich besonders neidisch wäre – an die Institution verkauft, die ihn reich macht. Um es überspitzt auszudrücken: je mehr Geld, desto weniger Anstand; denn das Geld tritt zwischen den Menschen und die gewünschten Gegenstände; und es erwirbt sie an seiner Statt; soviel aber ist sicher: es war keine große Tugend, Geld zu erwerben. Geld läßt viele Fragen zur Ruhe kommen, die man sonst mit einer Steuer von Antworten belegt hätte; die einzige neue Frage, die es aufwirft, ist, wie man es ausgeben soll. So wird dem Reichen der moralische Boden unter den Füßen weggezogen. Die Möglichkeiten des Lebens verringern sich in dem Maße, in dem die sogenannten ›Mittel‹ anwachsen. Das Beste, was ein Reicher zur Pflege seiner Menschlichkeit tun kann, ist, die Wünsche zu verwirklichen, die er als armer Mensch gehegt hat. Christus wies die Häscher des Herodes zurecht, wie es ihnen zukam: »Zeiget mir einen Groschen!« sagte er – und einer zog einen Penny aus seiner Tasche. Wenn ihr das Geld mit dem Bild des Kaisers benutzt, dem er Wert gegeben und das er in Umlauf gesetzt hat, also, *wenn ihr Menschen dieses Staates seid* und gerne die Vorteile von des Kaisers Regierung genießt, dann zahlt ihm auch etwas von seinem Eigentum zurück, wenn er es verlangt: »So gebet dem Kaiser, was des Kaisers ist, und Gott, was Gottes ist« – und damit waren sie genauso schlau wie zuvor und wußten nicht, wem was zustand; weil sie es auch gar nicht wissen wollten.

Auch wenn ich mich mit dem freisinnigsten meiner Nachbarn unterhalte, stelle ich fest: was sie auch über die Bedeutung und den Ernst der Frage, über ihre Rücksicht auf die öffentliche Ruhe sagen mögen – die Sache läuft immer darauf hinaus, daß sie auf den Schutz der Regierung nicht verzichten wollen und sich vor den Folgen des Ungehorsams für ihr Eigentum und ihre Familie fürchten. Was mich betrifft, ich glaube nicht, daß ich mich je auf den Schutz des Staates verlassen werde. Wenn ich aber diese Staatsgewalt abweise, sobald sie mir die

Steuerrechnung präsentiert, dann wird mir sofort mein Eigentum genommen, und ich und meine Kinder werden endlos gequält. Das ist hart. So wird es dem Menschen unmöglich gemacht, ehrlich zu leben und zugleich angenehm, was die äußeren Dinge anbetrifft. Es lohnt sich eben nicht, Eigentum zu erwerben, es würde sehr bald wieder verloren sein. Man muß irgendwo taglöhnern oder pachten, muß eine möglichst kleine Ernte ziehen und sie bald aufessen. Man muß für sich leben, sich nur auf sich selbst verlassen, immer das Bündel gepackt haben und bereit sein, fortzugehen, und nicht viele Geschäfte in Gang haben. Es kann einer auch in der Türkei reich werden, wenn er in jeder Hinsicht ein guter Untertan der türkischen Regierung sein will. Konfuzius sagte: »In einem Staat, der nach den Grundsätzen der Vernunft regiert wird, wird man sich für Elend und Armut schämen; in einem Staat, der *nicht* nach den Grundsätzen der Vernunft regiert wird, schämt man sich für Reichtum und Ruhm.« Nein: solange ich nicht den Schutz des Staates Massachusetts in irgendeinem südlichen Hafen wünsche, wo meine Freiheit gefährdet ist, oder solange ich nicht darauf aus bin, mir hier durch friedliche Unternehmungen ein Vermögen aufzubauen, kann ich es mir leisten, dem Staat meine Loyalität und das Recht auf mein Eigentum und Leben zu verweigern. Mich kostet es in jeder Hinsicht weniger, die Strafe für Ungehorsam gegen den Staat anzunehmen, als wenn ich gehorchen würde. Im zweiten Fall käme ich mir ärmer vor.

Vor ein paar Jahren trat der Staat im Namen der Kirche an mich heran und befahl, ich sollte eine bestimmte Summe bezahlen, um einen Pfarrer zu unterhalten, den zwar mein Vater gehört hatte – ich aber nie. »Zahle«, wurde mir gesagt, »oder du wirst ins Gefängnis gesperrt.« Ich lehnte es ab zu zahlen. Unglücklicherweise hielt es jemand für richtig, statt meiner zu zahlen. Ich konnte nicht einsehen, warum ein Lehrer besteuert werden sollte, um den Pfarrer zu erhalten, der Pfarrer aber nicht zugunsten des Lehrers; ich war zwar kein staatlicher Lehrer, aber ich verdiente mein Brot durch freien Unterricht. Ich konnte nicht einsehen, warum die Abendschule – gedeckt durch den Staat – nicht ebenso ihre Steuerrechnung präsentiert wie die Kirche. Auf Bitten der Stadträte ließ ich mich jedoch herab, eine schriftliche Erklärung der folgenden Art abzugeben: »Hiermit gebe ich, Henry Thoreau, bekannt, daß ich nicht als Mitglied irgendeiner Vereinigung angesehen werden will, in die ich nicht eingetreten bin.« Diese Erklärung gab ich dem Stadtsekretär, und der hat sie jetzt. Nachdem er erfahren hatte, daß ich mich nicht als Mitglied dieser Kirche ansah, hat der Staat nie wieder eine ähnliche Forderung an mich gerichtet, obgleich er erklärte, daß er sich weiterhin an die ursprüngliche Annahme halten müßte. Wenn ich nur ihre Bezeichnung gekannt hätte, dann wäre ich systematisch aus allen Gesellschaften ausgetreten, in die ich nie eingetreten bin; aber ich wußte ja nicht, wo die vollständige Liste zu finden war.

Ich habe sechs Jahre keine Wahlsteuer bezahlt. Einmal wurde ich deshalb für eine Nacht ins Gefängnis gesteckt. Wie ich da stand und mir die massiven Steinmauern betrachtete, die zwei oder drei Fuß dick waren, die Türe aus Holz und Eisen – einen Fuß dick – und das Eisengitter, welches das Licht siebte, kam mir die ganze Dummheit dieser Institution zum Bewußtsein, die mich so behandelte, als wäre ich nicht mehr als Fleisch, Blut und Knochen, was man einschließen kann. Ich fragte mich, ob sie nun zu dem Schluß gekommen war, dieses sei der beste Zweck, dem ich zugeführt werden könnte, und ob sie nie daran gedacht hätte, sich meiner guten Dienste zu versichern. Ich sah: wenn zwischen mir und meinen Mitbürgern auch eine Mauer war, so gab es doch eine, die noch schwerer zu überklettern und zu durchbrechen ist, wenn man so frei sein will, wie ich es war. Nicht einen Augenblick lang fühlte ich mich beengt, und diese Mauern schienen mir eine große Verschwendung von Stein und Mörtel. Mir kam es vor, als hätte ich als einziger unter meinen Mitbürgern die Steuer bezahlt. Ganz offensichtlich wußten sie nicht, wie sie mich behandeln sollten, sie benahmen sich wie schlecht erzogene Leute. In jeder ihrer Drohungen und in jeder ihrer Höflichkeiten steckte ein dummes Mißverständnis; sie dachten nämlich, mein größter Wunsch sei, auf der anderen Seite dieser Mauern zu stehen. Ich mußte lächeln, wenn ich zusah, wie emsig sie die Tür vor meinen Betrachtungen abschlossen, welche dann ohne Mühe und Widerstand hinter ihnen hinausgingen – und *sie* waren doch in Wirklichkeit die eigentliche Gefahr! Da sie *mich* nicht fassen konnten, beschlossen sie, meinen Körper zu bestrafen; wie kleine Jungen, die, weil sie eine Wut auf jemanden haben, aber nicht an ihn herankönnen, dessen Hund mißhandeln. Ich sah, daß der

Staat einfältig ist, ängstlich wie eine alte Jungfer mit ihren silbernen Löffeln, daß er seine Freunde nicht von den Feinden unterscheiden kann, und ich verlor die geringe Achtung vor ihm, die noch übrig war, und bedauerte ihn.

Mit dem inneren Wesen, sei es intellektuell oder moralisch, kann der Staat sich also niemals auseinandersetzen, sondern nur mit dem Körper, mit den Sinnen. Er verfügt weder über größere Vernunft noch Ehrlichkeit, sondern nur über größere physische Gewalt. Ich bin nicht für den Zwang geboren. Ich werde nach meiner Art atmen. Wir wollen doch sehen, wer stärker ist. Was für eine Macht hat eine Masse? Nur die können mich zwingen, die ein höheres Gesetz befolgen als ich. Sie zwingen mich dann, so wie sie zu werden. Ich habe noch nie gehört, daß ein *Mensch* von einer Menschenmasse *gezwungen* worden wäre, so oder so zu leben. Was wäre das auch für ein Leben! Wenn die Regierung vor mir steht und sagt: »Geld oder Leben«, warum sollte ich mich beeilen, mein Geld herauszurücken? Vielleicht ist sie in einer Zwangslage und weiß nicht, was tun: *ich* kann da nicht helfen. Die Regierung muß sich selbst helfen; sie soll es machen wie ich. Es lohnt sich nicht, darüber zu greinen. Ich bin nicht dafür verantwortlich, daß die Maschine der Gesellschaft richtig funktioniere. Ich bin nicht der Sohn eines Uhrmachers. Ich beobachte: wenn eine Eichel und eine Walnuß nebeneinander fallen, dann verhält sich die eine nicht still, um der anderen Platz zu machen, sondern beide gehorchen ihren eigenen Gesetzen, um zu keimen, zu wachsen und zu blühen so gut sie können, bis schließlich die eine die andere überschattet und zugrunde richtet. Wenn eine Pflanze nicht nach ihrer Art leben kann, so stirbt sie. Menschen geht es ebenso.

Die Nacht im Gefängnis war recht neuartig und interessant. Als ich ankam, hielten die Gefangenen, die in Hemdsärmeln am Eingang standen, gerade ein Plauderstündchen in der Abendluft. Aber der Gefängniswärter sagte: »Los, Jungens, es ist Zeit zum Abschließen.« Sie zerstreuten sich, und ich hörte das Geräusch der

Schritte, wie sie in ihre kahlen Wohnungen zurückkehrten. Mein Zellengenosse wurde mir vom Gefängniswärter als ein »prima Bursche und schlauer Kerl« vorgestellt. Als die Tür verschlossen war, sagte er mir, wo ich meinen Hut aufhängen könnte und wie er sonst mit den Verhältnissen dort zurechtkam. Die Räume wurden einmal im Monat gekalkt; und dies war wohl die weißeste, am einfachsten möblierte und sauberste Wohnung in der ganzen Stadt. Er wollte natürlich wissen, wo ich herkäme und was mich dort hineingebracht hätte; und als ich ihm das erzählt hatte, fragte ich ihn meinerseits, wie er denn hergekommen wäre, natürlich in der Annahme, daß er ein ehrlicher Kerl sei; und wie es so geht in der Welt, ich glaube wirklich, daß er es war. »Sie beschuldigen mich«, sagte er, »ich hätte eine Scheune angezündet; dabei habe ich es nie getan.« Soviel ich herausbringen konnte, hatte er sich wahrscheinlich betrunken in der Scheune schlafen gelegt und hatte da seine Pfeife geraucht; und so war die Scheune verbrannt. Er hatte den Ruf, ein gewitzter Mann zu sein, er wartete dort schon drei Monate auf seine Verhandlung und sollte noch ebenso lange darauf warten; aber er war ganz zahm und zufrieden, da er doch umsonst lebte, und er glaubte sich gut behandelt.

Er belegte das eine Fenster mit Beschlag und ich das andere; offenbar würde es die Hauptbeschäftigung sein, aus dem Fenster zu sehen, wenn man sich länger hier aufhielt. Ich hatte bald alles Gedruckte gelesen, das herumlag, hatte die Stellen besichtigt, wo frühere Gefangene ausgebrochen waren und wo ein Gitter durchgesägt worden war, ich hatte mir die Geschichte der verschiedenen Zelleninsassen angehört; denn ich fand heraus, daß es sogar hier Geschichten und Gerüchte gab, die außerhalb der Gefängnismauern nie in Umlauf kamen. Vielleicht ist dies der einzige Ort in der Stadt, wo Lieder komponiert wurden, die dann abgedruckt wurden und von Hand zu Hand gingen, aber nie veröffentlicht. Man zeigte mir eine lange Reihe von Strophen von ein paar jungen Leuten, die man bei einem versuchten Ausbruch erwischt hatte und die sich nun rächten, indem sie diese Lieder sangen.

Ich quetschte meinen Mitgefangenen aus, so gut ich konnte, denn ich fürchtete, ich würde ihn nie wiedersehen; aber nach einiger Zeit zeigte er mir mein Bett und sagte, ich solle die Lampe ausblasen.

Dort für diese eine Nacht zu liegen war wie die Reise in ein fernes Land, das ich nie zu sehen erwartet hatte. Mir schien es, als hätte ich die Turmuhr vorher nie schlagen gehört und auch nicht die abendlichen Geräusche des Dorfes; wir schliefen nämlich bei geöffnetem Fenster, das innerhalb der Gitter war. Ich sah also mein Heimatdorf im Licht des Mittelalters, unser Fluß Concord war in den Rhein verwandelt, und ich hatte Visionen von Rittern und Burgen, die an mir vorüberzogen. Es waren Stimmen von Bürgern einer festen Stadt, die ich von den Straßen hörte. Ich war der unfreiwillige Zuhörer und Zuschauer in der Küche des benachbarten Dorfwirtshauses – für mich ein vollkommen neues Erlebnis. Ich tat einen tiefen Blick in meinen Heimatort. Ich war ziemlich weit in ihn eingedrungen. Niemals vorher hatte ich seine öffentlichen Einrichtungen so recht gesehen. Das Gefängnis ist eine seiner typischen Einrichtungen, denn es ist eine Kreisstadt. Ich begann zu verstehen, worum es ihren Einwohnern zu tun war.

Am Morgen schob man unser Frühstück durch ein Loch in der Tür, in kleinen länglich-viereckigen Blechnäpfen, die gerade durchpaßten. Sie enthielten etwa einen Liter Schokolade, braunes Brot und einen eisernen Löffel. Als sie die Gefäße später wiederverlangten, wollte ich Neuling das Brot zurückgeben, das übriggeblieben war; aber mein Genosse beschlagnahmte es und sagte, ich sollte es für den Lunch oder das Dinner aufbewahren. Bald danach ließ man ihn hinaus, um auf einem benachbarten Feld beim Heuen zu helfen, wohin er jeden Tag ging, um erst gegen Mittag zurückzukommen; also wünschte er mir guten Tag und sagte, daß er mich wohl nicht wiedersehen würde.

Als ich aus dem Gefängnis kam –

denn jemand trat für mich ein und bezahlte die Steuer –, konnte ich im allgemeinen keine großen Veränderungen bemerken, nicht wie jemand sie fände, wenn er als Jüngling eingesperrt wurde und als wankender, grauhaariger Mann herauskam; und doch hatte sich das Bild in meinen Augen verwandelt – die Stadt, der Staat, das Land –, und es hatte sich mehr verwandelt, als es die Zeit allein hätte bewirken können. Deutlicher als zuvor erkannte ich den Staat, in dem ich lebte. Ich sah auch, inwieweit man meinen Mitmenschen als guten Nachbarn und Freunden trauen konnte; daß nämlich ihre Freundschaft nur für gutes Wetter bestimmt war; daß sie sich nicht besonders bemühten, recht zu tun; daß sie, mit ihren Vorurteilen und ihrem Aberglauben, einer anderen Rasse als ich zugehörten, so anders wie Chinesen oder Malaien; daß sie mit ihren Opfern kein Risiko eingingen, nicht einmal für ihr Eigentum; daß sie nicht gar so edelmütig waren, den Dieb so behandelten wie er sie, und hofften, sie würden sich ihr Seelenheil mit Hilfe von gewissen Gebräuchen und ein paar Gebeten erhalten, und indem sie von Zeit zu Zeit auf einem gewissen geraden, aber nutzlosen Pfad wandelten. Aber vielleicht urteile ich zu schroff über meine Nachbarn; viele von ihnen wissen vielleicht noch nicht einmal, daß sie ein Gefängnis in ihrem Ort haben.

Früher war es Sitte in unserer Stadt, daß die Bekannten eines armen Schuldners diesen begrüßten, wenn er aus dem Gefängnis kam, wobei sie durch die Finger sahen, die sie gekreuzt hielten, um das Gitter des Gefängnisses darzustellen: »Guten Tag, wie geht's?« Meine Nachbarn begrüßten mich nicht in dieser Weise, sondern sie sahen erst mich an, dann einander, so, als ob ich von einer langen Reise zurückgekehrt wäre. Ich wurde ins Gefängnis gesteckt, als ich gerade auf dem Weg zum Schuster war, um einen geflickten Schuh dort abzuholen. Als ich am nächsten Morgen herauskam, setzte ich diesen Gang fort, zog meinen geflickten Schuh an und stieß zu einer Gruppe von Heidelbeersammlern, die schon darauf warteten, von mir angeführt zu werden. In einer halben

Stunde – denn das Pferd war rasch angeschirrt – waren wir mitten in den Heidelbeeren auf einem unserer höchsten Hügel, sieben Meilen abseits, und vom Staat war nichts mehr zu sehen.

Dies ist die ganze Geschichte, soweit es ›Meine Gefängnisse‹ betrifft. Ich habe mich nie geweigert, die Straßensteuer zu bezahlen; denn ich will so gerne ein guter Nachbar sein wie ein schlechter Untertan.

Was die Unterstützung der Schulen angeht, so leiste ich schon meinen Teil, um meine Landsleute zu unterrichten. Nicht wegen eines bestimmten Postens in der Steuerrechnung lehne ich es ab, sie zu bezahlen. Was ich will, ist: dem Staat Gefolgschaft verweigern, mich von dieser Pflicht zurückziehen und über ihr stehen. Mich interessiert es nicht, wo mein Dollar hingeht, solange er nicht einen Mann und ein Gewehr kauft, um jemanden zu erschießen. Der Dollar ist unschuldig; mich beschäftigt vielmehr die Folge meiner Treue als Untertan. Ja, ich erkläre dem Staat den Krieg, ruhig, wie es meine Art ist, wenngleich ich noch immer soviel Vorteil und Nutzen wie möglich aus ihm ziehen will, wie das in solchen Fällen Brauch ist.

Wenn andere aus Sympathie für den Staat die Steuer bezahlen, die von mir gefordert wird, dann tun sie nur, was sie in ihrem eigenen Fall schon getan haben, oder vielmehr, sie leisten der Ungerechtigkeit noch mehr Vorschub, als der Staat verlangt. Wenn sie die Steuer aus einem mißverstandenen Interesse für das besteuerte Individuum bezahlen, um dessen Eigentum zu schützen oder um zu verhindern, daß es ins Gefängnis muß, so nur, weil sie nicht weise erwogen haben, wie weit sie mit ihren privaten Gefühlen dem öffentlichen Wohl in die Quere kommen dürfen.

So ist also meine gegenwärtige Lage. Aber man kann in so einem Fall nicht vorsichtig genug sein, damit das Handeln nicht einseitig von Starrsinn oder untunlicher Rücksicht auf die Meinung der Leute bestimmt werde. Man muß zusehen, daß man tut, was einem selbst und der Stunde angemessen ist.

Manchmal denke ich, die Leute wollen schon das Gute, sie sind nur unwissend; sie würden besser handeln, wenn sie nur wüßten, wie: Warum bringst du deine Nachbarn in diese Notlage, daß sie dich anders behandeln müssen, als sie möchten? Aber dann wieder denke ich, das ist kein Grund, daß du tust, was sie tun, oder andere eine ganz andersartige Not leiden läßt. Manchmal aber sage ich wieder zu mir, wenn viele Millionen Menschen ohne Zorn, ohne bösen Willen, ohne irgendwelche persönlichen Gefühle nur ein paar Schillinge verlangen und wenn sie – nach der Verfassung – ihre Forderung nicht verändern oder rückgängig machen können und wenn du auf deiner Seite nicht andere Millionen anrufen kannst, warum setzt du dich dann dieser rohen Übermacht aus? Du widerstehst doch auch der Kälte und dem Hunger nicht mit solcher Sturheit; du unterwirfst dich ruhig tausend ähnlichen Notwendigkeiten. Du hältst deinen Kopf auch nicht ins Feuer. Aber eben in dem Maß, in dem ich sie nicht nur als rohe Gewalt, sondern auch als menschliche Macht betrachte, und da ich bedenke, daß ich ein Verhältnis zu diesen Millionen habe wie zu ebenso vielen Menschen – nicht wie zu rohen und unbelebten Sachen nur –, sehe ich doch, daß ein Appell möglich ist; erstens, und unmittelbar, von ihnen an ihren Schöpfer, zweitens untereinander. Wenn ich aber meinen Kopf leichtsinnig ins Feuer halte, dann gibt es keinen Appell an das Feuer oder an den Schöpfer des Feuers, und ich bin nur selbst daran schuld. Könnte ich mich nur überreden, daß ich Grund habe, mit der Verfassung der Menschen zufrieden zu sein und entsprechend mit ihnen umzugehen, anstatt meinen Forderungen und Erwartungen entsprechend, ich würde mich ja wie ein guter Muselmane und Fatalist mit dem gegenwärtigen Zustand begnügen und sagen, das sei Gottes Wille. Jedoch *ihrer* Macht kann ich mit Erfolg entgegentreten, anders als einer rohen Naturkraft; die Natur der Steine, Bäume und Tiere zu ändern wie Orpheus, kann ich dagegen nicht erhoffen.

Ich möchte mit keinem Menschen

und keinem Land Streit anfangen. Ich will keine Haarspalterei betreiben, nicht übergenau sein oder mich für besser als meine Nachbarn halten. Ich suche ja gerade nach einer Ausrede, um mich den Gesetzen des Landes anzupassen. Ich habe sogar Grund, mir selbst deshalb zu mißtrauen. Jedes Jahr, wenn der Steuereinnehmer herumgeht, finde ich mich sehr geneigt, die Taten und die Haltung der Bundesregierung und des Staates zu begutachten und den Geist des Volkes, um einen Vorwand für meine Anpassung zu entdecken.

> *Wir sollen unser Land wie unsere Eltern lieben.*
> *Und wenn zu Zeiten wir die Liebe,*

*Den guten Willen von dieser
    Ehrenpflicht abwenden,
Sollen wir die Folgen
    hinnehmen und der Seele
In Verantwortung und Glauben
    Unterricht erteilen
Und nicht nach Herrschaft oder
    Vorteil streben.*

Ich glaube fest, daß der Staat mir bald alle diese Sorgen abnehmen wird, und dann werde ich eben kein besserer Patriot als meine Landsleute sein. Von einem tiefergelegenen Blickpunkt aus ist die Verfassung sehr gut – bei allen ihren Fehlern –, das Gesetz und die Gerichte sind achtenswert, sogar der Staat und die amerikanische Regierung sind in vieler Hinsicht zu bewundern, etwas Seltenes, Dankenswertes, wie viele es auch beschrieben haben. Von einem höheren Standpunkt gesehen aber sind sie so, wie *ich* sie beschrieben habe. Wer aber kann sagen, was sie von einem noch höheren und vom höchsten Standpunkt aus wert sind und ob es sich lohnt, sie zu betrachten oder über sie nachzudenken? Die Regierung interessiert mich aber nicht besonders, und ich werde so wenig Nachdenken an sie wenden wie irgend möglich. Sogar auf dieser Welt gibt es nicht viele Augenblicke, in denen ich unter einer Regierung lebe. Wenn ein Mensch frei ist in seinen Gedanken, frei in seiner Phantasie und seiner Vorstellung, also in den Dingen, die nie für lange Zeit leblos bei ihm bleiben, dann können unkluge Herrscher oder Reformapostel ihm nie gefährlich in die Quere kommen.

Ich weiß: die meisten Menschen denken anders als ich; die aber, die ihr Leben aus Berufung dem Studium dieser oder verwandter Gegenstände widmen, widersprechen mir weniger als alle anderen. Staatsmänner und Gesetzgeber, die so völlig innerhalb ihrer Institution leben, können sie nie nackt und deutlich erkennen. Sie reden von einer Gesellschaft, die in Bewegung ist, haben aber keinen Ruhepunkt außerhalb derselben. Vielleicht sind es Männer mit Erfahrung und Urteil, sie haben zweifellos geistreiche und sogar nützliche Einrichtungen erfunden, für die wir ihnen aufrichtig danken; aber all ihr Witz und ihre Brauchbarkeit bleiben innerhalb gewisser, nicht sehr ausgedehnter Grenzen. Sie vergessen gerne, daß die Welt nicht von der Politik und der Nützlichkeit regiert wird. Webster betrachtet die Regierung nie von hinten, und so kann er auch nicht glaubwürdig darüber reden. Seine Worte sind Weisheiten für die Gesetzgeber, die nie eine Reform der gegenwärtigen Regierung erwägen; in den Augen denkender Menschen und derjenigen, die Gesetze für alle Zeiten machen, berührt er seinen Gegenstand noch nicht einmal flüchtig. Ich kenne welche, deren klare und weise Überlegungen zu diesem Thema sehr schnell die Grenzen seiner geistigen Weite und Fülle bloßstellen würden. Dennoch, wenn man sie mit den billigen Kundgebungen der meisten Reformer und der noch schäbigeren Weisheit und Zungenfertigkeit der Politiker überhaupt vergleicht, sind seine Worte so ziemlich die einzig vernünftigen und brauchbaren, und wir danken dem Himmel für ihn. Im Vergleich ist er immer noch kräftig, originell und vor allem praktisch. Sein Vorzug jedoch ist nicht Weisheit, sondern Verständigkeit. Die Wahrheit eines Advokaten ist nicht Wahrheit, sondern Konsequenz oder eine konsequente Zweckmäßigkeit. Wahrheit ist immer mit sich selbst im Einklang, es ist ihr nicht hauptsächlich darum zu tun, welche rechtliche Konsequenz eine Übeltat hat. Webster verdient den Beinamen, den man ihm gegeben hat: ›Verteidiger der Verfassung‹. Er kann in Wirklichkeit keine Vorstöße unternehmen, er kann nur verteidigen. Er ist kein Anführer, sondern ein Gefolgsmann. Seine Anführer sind die Männer von '87. »Nie habe ich mich bemüht«, sagt er, »und nie schlage ich vor, daß man sich bemühe; ich habe nie Anstalten gemacht, mich zu bemühen, und ich werde nie welche machen, um das Übereinkommen zu schwächen, durch welches die verschiedenen Staaten in einem Bund zusammenkamen.« Wenn er daran denkt, daß die Verfassung die Sklaverei bestätigt, erklärt er: »Da es zu dem ursprünglichen Vertrag gehört – laßt es dabei.« Er kann eben, trotz seiner besonderen Aufgeschlossenheit und Befähigung, einen Tatbestand nicht aus den politischen Bezügen herauslösen und ihn vorbehaltlos und vernünftig betrachten. Wie kann ein Mensch hier in Amerika darauf verfallen, in Sachen Sklaverei eine derart notdürftige Antwort zu geben und dann noch zu behaupten, er spräche unabhängig und als Privatmann! Und daraus soll sich dann ein neues Gesetzbuch der gesellschaftlichen Pflichten entwickeln! Er sagt: »Wie die Regierung von Staaten, in denen es Sklaverei gibt, diese ausüben, richtet sich nach ihren Ansichten, ihrem Verantwortungsbewußtsein gegenüber ihren Grundsätzen, ihren Gesetzen in Dingen des Eigentums, der Menschlichkeit und der Gerechtigkeit und der Verantwortung gegenüber

Gott. Vereinigungen, die anderswo aus einem Gefühl für Menschlichkeit oder aus anderen Gründen entstehen, haben nicht das geringste damit zu tun. Ich habe sie nie ermutigt und werde sie auch nie ermutigen.«

Es ist eben so: diejenigen, welche keine reinere Quelle der Wahrheit kennen, die ihre Spuren nicht weiter stromaufwärts verfolgt haben, bleiben bei ihrer Bibel und Verfassung und schlürfen sie in Ehrerbietung und Demut; die aber, welche sehen, wie die Wahrheit als dünnes Rinnsal in diesen See oder diese Pfütze einmündet, krempeln ihre Kleider noch einmal auf und wandern weiter ihrem Ursprung zu.

Für die Gesetzgebung ist in Amerika kein Genie erschienen. Die findet man ohnehin selten in der Weltgeschichte. Es gibt Rhetoren, Politiker und mundfertige Leute zu Tausenden. Aber der Redner hat seinen Mund noch nicht geöffnet, der fähig wäre, die umstrittenen Fragen des Tages zu klären. Wir schätzen die Beredsamkeit um ihrer selbst willen, nicht wegen irgendwelcher Wahrheiten, die sie vielleicht äußern könnte, oder wegen eines Heldensinns, den sie vielleicht in uns weckt. Unsere Volksvertreter haben den Wert des freien Handelns, der Freiheit, der Gemeinsamkeit und der Rechtlichkeit für eine Nation noch nicht schätzen gelernt. Sie haben nicht einmal Talent oder Befähigung für verhältnismäßig bescheidene Angelegenheiten der Besteuerung, des Geldwesens, des Handels, der Industrie und Landwirtschaft. Wenn wir uns zu unserer Führung nur auf die wortreiche Schlauheit unserer Kongreß-Abgeordneten verlassen wollten, ohne daß diese durch die abgeklärte Erfahrung und wirksame Beschwerden des Volkes in die rechte Bahn geleitet würde, dann würde Amerika seinen Rang unter den Nationen nicht lange behalten. Achthundert Jahre hat man am Neuen Testament geschrieben – obwohl ich vielleicht kein Recht habe, darauf hinzuweisen; aber wo ist der Volksvertreter, der genug Talent hat, das Licht zu nutzen, das es auf die Wissenschaft der Gesetzgebung wirft?

Die rechtmäßige Regierungsgewalt,

auch von der Art, welcher ich mich gerne unterwerfe – denn ich gehorche leichten Herzens denen, die mehr wissen und besser handeln als ich, und in vielen Stücken auch denen, die nicht einmal mehr wissen und besser handeln –, diese Regierungsgewalt ist immer unvollständig: um nämlich unbedingt gerecht zu sein, muß sie Vollmacht und Zustimmung der Regierten haben. Sie kann kein umfassendes Recht über mich und mein Eigentum haben, sondern nur so weit, wie ich zustimme. Der Fortschritt von einer absoluten zu einer beschränkten Monarchie, von einer beschränkten Monarchie zur Demokratie ist ein Fortschritt in Richtung auf wahre Achtung vor dem Individuum. Sogar der chinesische Philosoph war weise genug, das Individuum als die Grundlage des Reiches anzusehen. Ist die Demokratie, wie wir sie kennen, wirklich die letztmögliche Verbesserung im Regieren? Ist es nicht möglich, noch einen Schritt weiter zu gehen bei der Anerkennung und Kodifizierung der Menschenrechte? Nie wird es einen wirklich freien und aufgeklärten Staat geben, solange sich der Staat nicht bequemt, das Individuum als größere und unabhängige Macht anzuerkennen, von welcher all seine Macht und Gewalt sich ableiten, und solange er den Einzelmenschen nicht entsprechend behandelt. Ich mache mir das Vergnügen, mir einen Staat vorzustellen, der es sich leisten kann, zu allen

Menschen gerecht zu sein, und der das Individuum achtungsvoll als Nachbarn behandelt; einen Staat, der es nicht für unvereinbar mit seiner Stellung hielte, wenn einige ihm fernblieben, sich nicht mit ihm einließen und nicht von ihm einbezogen würden, solange sie nur alle nachbarlichen, mitmenschlichen Pflichten erfüllten. Ein Staat, der solche Früchte trüge und sie fallen ließe, sobald sie reif sind, würde den Weg für einen vollkommeneren und noch ruhmreicheren Staat freigeben – einen Staat, den ich mir auch vorstellen kann, den ich bisher aber noch nirgends gesehen habe.

Anhang

*Henry David Thoreaus
Leben und Werk*
von
Manfred Allié

Als H. D. Thoreau 1862 44jährig an Tuberkulose starb, war niemand berufener, die Grabrede zu halten, als sein Freund und Mitstreiter im Transzendentalismus, Ralph Waldo Emerson. Später hieß es, Emerson habe Thoreau einen schlechten Dienst erwiesen, als er ihn zum menschenfeindlichen Stoiker stilisierte, doch hat er die Mehrzahl seiner Charakterzüge treffend beschrieben. Der hervorragendste davon war Thoreaus Freiheitssinn, der ihn das kommerziell orientierte Leben des neunzehnten Jahrhunderts verachten ließ. Leben hieß für ihn Selbsterforschung und -verwirklichung; körperliche Arbeit als Landvermesser leistete er nur zur Versorgung mit Lebensnotwendigem, dessen Maß er durch Vereinfachung der Ansprüche (»simplify!«) klein hielt: »Er zog es vor, reich zu sein, indem er seine Bedürfnisse beschränkte« (Emerson). Er war ein »Einzelgänger von Natur aus« – für ihn gab es keine Profession, keine Kirche (statt dessen eine pantheistische Naturreligion), keinen Alkohol, Tabak oder Fleisch, keine Frauen. Er sagte lieber nein als ja – nicht aus negativem Sinn, sondern aus einer kritischen Einstellung heraus, die stets die Grundlage alltäglicher Dinge philosophisch erforschte. Das kompromißlose Eintreten für seine Ansichten brachte ihm den Ruf des Ungeselligen ein. Die Ungeduld, die er gegenüber Menschen an den Tag legte, wurde aufgewogen durch den geduldigen Umgang mit der Natur, der er nicht als Analytiker gegenübertrat (auch wenn er das Mikroskop nicht verschmähte), sondern auf die er sich im Streben nach ganzheitlicher Erkenntnis einließ. Daß für ihn sein Heimatort Concord Mittelpunkt der Welt war, ist oft als Provinzialismus mißverstanden worden; in Wirklichkeit liegt hier die Grundidee seiner Philosophie, die praktische Seite des Transzendentalismus: die Erkenntnis des

Idealen im Partikulären. Bei aller Fülle an exakter Beobachtung der äußeren Welt ist das Erkenntnisstreben nach innen, auf das romantische Erfassen der seelischen Dimension gerichtet. Material zur Erkenntnis liefert jedes Faktum, ein Spaziergang ist soviel wert wie eine Weltreise: »Der Teich war ein kleiner Ozean und der Atlantik ein großer Walden-Teich.«

So konnte er denn auch in seiner paradoxen Art sagen: »Ich habe in Concord große Reisen unternommen.« Die Wanderung als Erkenntnismittel beschreibt er in seinem ersten Werk, *A Week on the Concord and Merrimack Rivers,* wo in einen tagebuchartigen Rahmen die verschiedensten Essays (unter anderem über Ossian, Kanalboote, die Concorder Viehausstellung und, am bekanntesten, ›Über die Freundschaft‹), eigene und fremde Gedichte, gelehrte Zitate und Bemerkungen zur Lokalgeschichte montiert werden. Auf diese ungewohnte Konzeption läßt sich wohl der Mißerfolg des Buches zurückführen: Von 1000 Exemplaren, die Thoreau auf eigene Kosten drucken ließ, wurden nur 300 verkauft. Dem Thema des Spaziergangs als Ich- und Welterkundung blieb er aber trotzdem treu, wie der Aufsatz ›Walking‹ in den postumen *Excursions* zeigt; auch die anderen aus dem Nachlaß herausgegebenen Werke sind Variationen dieses Themas. Thoreaus Hauptwerk jedoch, auch in seiner eigenen Einschätzung, ist *Walden*, ein aus dem Tagebuch entstandener Essayzyklus, der das zweijährige Experiment des einfachen Lebens am Walden-Teich beschreibt und reflektiert. Dieses Experiment (Thoreau legte Wert auf den wissenschaftlichen Terminus), das entgegen dem ersten Anschein nichts Eskapistisches hat, stellt an einem Musterfall die Reform des einzelnen dar, als Beispiel dafür, wie durch solche Reform möglichst vieler Individuen die zeitgenössische Gesellschaft selbst reformiert werden könne – eine konkrete Utopie. Auch in *Walden* liefert die Beschreibung äußerer Ereignisse den Rahmen für die essayistische Reflexion. Selbstgenügsamkeit fördert den Einklang mit der Natur (›Economy‹), und die Konzentration auf das »wirkliche Sein«, das harmonische, spirituell überhöhte und verstehende Leben (›Where I Lived, and What I Lived For‹). Der Glaube an die Entwicklungsfähigkeit des freien Individuums zeigt Thoreaus Wurzeln in uramerikanischen Idealen; das Vertrauen auf Regeneration wird unterstrichen durch Metaphorik und Gesamtaufbau des Textes: Frühling, Morgen, ein schlüpfender Schmetterling und die aufgehende Saat versinnbildlichen die spirituelle Wiedergeburt.

In die Walden-Zeit fällt auch Thoreaus symbolischer eintägiger Gefängnisaufenthalt, der sein politisches Verantwortungsbewußtsein deutlich werden ließ. Weil die Regierung der

USA in Mexiko Krieg im Interesse der Sklavenhalter führte, weigerte sich Thoreau, die Kopfsteuer (›poll tax‹) zu zahlen. Mit einer Nacht im Gefängnis hatte er allerdings seinem Gerechtigkeitssinn Genüge getan und führte den Kampf nun propagandistisch weiter. Zuerst in Vorträgen, dann in dem Aufsatz ›Resistance to Civil Government‹, der unter dem Titel ›Civil Disobedience‹ bekannt wurde, verkündete er die Pflicht des Bürgers zum Ungehorsam gegen den Staat für den Fall, daß sein Gewissen es ihm nicht mehr erlaubte, dessen Maßnahmen mitzutragen. Nach dem Grundsatz »That government is best which governs least« (»Die beste Regierung ist die, die am wenigsten regiert«) ist für ihn das individuelle Moralbewußtsein die eigentliche Staatsmacht – eine Haltung, die den transzendentalistischen Idealismus, den Glauben an ein absolutes und offenbar angeborenes Rechts- und Moralempfinden des Menschen voraussetzt. Nur in diesem Sinne darf man Thoreaus Schrift als anarchistisches Manifest verstehen.

Thoreau war kein großer Redner, und auch seine Verse sind nicht weiter bemerkenswert; seine Domäne ist die essayistische Prosa. Er denkt in Antagonismen – eine Dialektik, die dem Leser die Synthese überläßt –, seine Paradoxa, Parallelismen, eklektischen Zitate, das oft gewollt Krude sind Mittel, zum genauen Hinsehen zu zwingen: sein ganzer Stil ist auf maximalen

Erkenntnisgewinn ausgerichtet. Ironie und Wortspiel sind die Erkenntnismittel der Romantik, und wenn Thoreau schreibt, gerade der Transzendentalismus brauche den Humor, so rückt ihn das in die Nähe Friedrich Schlegels und seiner Optimierung des Denkens durch den Witz.

Thoreau hatte zweifellos eine zynische Seite, manches klingt, als stamme es von Ambrose Bierce – eine Perle ist »die verhärtete Träne einer kranken Auster, die man im Alter ermordet hat«; sein Glaube, ein einzelner Mensch könne durch exemplarisches Handeln die Gesellschaft verändern, hat auch etwas Quixotisches. Doch er war kein exzentrischer Weltflüchtling, sondern ein praktischer Vordenker, der konsequent genug war, seine Philosophie auch zu leben. Er wollte Wege zur Veränderung zeigen, ohne jeden Absolutheitsanspruch: »Ich erwarte von niemandem, daß er meine Art zu leben übernimmt; jeder sollte seine eigene Art finden, nicht die seines Nachbarn oder seiner Eltern.« Nachgeahmt wurde er dann doch, aber wichtiger als die Hütten à la Walden, die hier und da entstanden sein mögen, ist die Ausbreitung seiner Maximen, des »simplify« und vor allem des »live deliberately« – des einfachen und bewußten Lebens.

Dokumente zur Wirkungsgeschichte

Thoreaus Ruhm ist seit seinem Tode beständig gewachsen, und seit den fünfziger Jahren unseres Jahrhunderts wurde er zu einer Kultfigur der verschiedensten Gruppen, die lediglich die Unzufriedenheit mit der gegenwärtigen Lebens- und Gesellschaftsform miteinander verbindet.

Dabei schien sich anfangs die geringe Reputation, die er hatte, schnell zu verlieren. Emersons wohlgemeinter Nachruf betonte viele für die Zeitgenossen negative Aspekte, die Ungeselligkeit, den Hang zum Antagonismus sowie die Vorstellung, er habe aus seinem Leben nichts Sinnvolles gemacht. Persönliche Animositäten konnte James Russell Lowell in einem Gedenkaufsatz des Jahres 1865 ausleben, in dem er Thoreau als verqueren, nichtsnutzigen und humorlosen Nachahmer Emersons hinstellte. Vor allem klagte er seine Subjektivität an: »Er macht seine eigene Laune zum Gesetz, sein eigenes Wissen zum Horizont des Universums.« – In Europa war es Robert Louis Stevenson, der 1880 das negative Thoreau-Bild verfestigte. Er beschrieb ihn als einen ewigen Neinsager, einen Drückeberger, der sich vor der Welt zurückzieht, um sich nicht mit ihr auseinandersetzen zu müssen.

Gegen diese generelle negative Tendenz konnten die wohlmeinenden

Schriften der Freunde wenig ausrichten. Bronson Alcott schilderte Thoreaus menschliche Wärme (*Concord Days*, 1872), während H. E. Channing ein Jahr später seinen Natursinn hervorhob (*Thoreau: The Poet-Naturalist*). Sein Schüler H. G. O. Blake, der die Tagebücher geerbt hatte, veröffentlichte Ausschnitte, die er den vier Jahreszeiten zuordnete. Sein Bild wurde immer mehr auf das eines Naturschriftstellers festgelegt, und ein Herausgeber nannte die *Maine Woods* einen »Baedeker der Wälder«. Das Idyllische an *Walden* betonte noch Yeats, der sich in seiner ›Lake Isle of Innisfee‹ (1893) eine Hütte baut und der Bohnenzucht widmet.

Positive Aufnahme fand Thoreau bei

den englischen Sozialisten Ende des vorigen Jahrhunderts. *Walden* wurde zur beliebten Lektüre der Anhänger der Independent Labour Party, die viele ihrer Versammlungsräume ›Walden Clubs‹ nannte – Thoreau selbst hätte vermutlich das Paradox einer Rezeption als eines ›individuellen Sozialisten‹ zu schätzen gewußt. Aus diesem Umfeld entstand auch Henry S. Salts Biographie (1890), die wiederum Mahatma Gandhi mit Thoreau bekannt machte. Durch Gandhi wurden Theorie und Praxis des gewaltfreien Widerstands zum Allgemeingut.

Im übrigen Europa wurden Thoreaus Ideen zunächst wenig bekannt, sieht man einmal von einer Kommune utopischer Sozialisten in Amsterdam ab, die sich ›Walden‹ nannte (1897). Im selben Jahr erschien die erste deutsche Ausgabe, eine französische Übersetzung von *Walden* erst 1922. Bekannter wurde er erst in den sechziger Jahren mit der Pop- und Alternativbewegung; um die Vermittlung in Deutschland machte sich vor allem Walter E. Richartz verdient. – Eine konkrete sozialistische Anwendung ist die Idee der rekreativen Landarbeit für Intellektuelle, die jedoch wohl höchstens mittelbar auf Thoreau zurückgeht.

Für Henry James war Thoreau noch ein bedauernswerter Sonderling, der Emersons Konzept vom ›American scholar‹ in die Tat umsetzen wollte und sich dabei die Gesundheit ruinierte. Doch seit den zwanziger Jahren unseres Jahrhunderts, spätestens aber seit der Wirtschaftskrise setzte sich als Gegenbild zum urbanen »Jazz Age« ein positiveres Thoreau-Bild durch. Sinclair Lewis nannte ihn 1937 »einen von drei oder vier wirklichen Klassikern der amerikanischen Literatur«, den wahren Vorkämpfer amerikanischen Freiheitsbewußtseins in einer »Ein-Mann-Revolution«. Im gleichen Sinne äußerte sich Henry Miller 1946 und klagte, Thoreau sei »eine Münze von einer Art, wie sie heute leider nicht mehr geprägt wird«.

Seine neue Heimat fand Thoreau indes im Denken der folgenden Generation. Pop-, Beat- und Hippiebewegung schätzten seinen Individualismus, ohne sich aber um seinen Gesellschaftsbezug zu kümmern; Geistesverwandtschaft zum Zen-Buddhismus und ein frühes Ökologiebewußtsein wurden entdeckt. Thoreau wurde zum Prototyp aller ›Aussteiger‹ aus dem kommerzbestimmten Alltagsleben. Mit einem Theaterstück *The Night Thoreau Spent in Jail* (1971), das viel auf Collegebühnen gespielt wurde, schlugen Jerome Lawrence und Robert E. Lee Profit aus der Thoreau-Welle, während auf der politischen Seite Vietnamgegner, die Bürgerrechtsbewegung, Martin Luther King und selbst die Steuerverweigerer der achtziger Jahre sich auf ihn beriefen. Spezifische Wirkungen lassen sich in dieser Zeit kaum noch isolieren: Thoreaus Gedanken sind Allgemeingut geworden, reduziert zwar auf wenige Schlagworte, aber doch wirksam auf eine Art, die ihren Urheber wahrscheinlich glücklich gemacht hätte.

Zeittafel

1817 Henry David Thoreau am 12. Juli in Concord, Mass., geboren. Der Vater ist Besitzer einer Bleistiftmanufaktur, in der der Sohn später von Zeit zu Zeit arbeitet.

1833 Harvard. Abschluß 1837. Trifft Ralph Waldo Emerson; beginnt Tagebuch. Verliert seine Stelle als Lehrer, weil er sich weigert, die »notwendige Prügelstrafe« anzuwenden.

1840 Erste Veröffentlichungen (in *The Dial*, durch Emersons Vermittlung).

1841-1843 Verbringt zwei Jahre in

Emersons Haushalt, u. a. als Gärtner. Gibt 1843 eine Hauslehrerstelle in New York wegen Heimwehs auf.

1845 Beginnt Leben am Walden-Teich, 4. Juli (bis 6. September 1847).

1846 Nacht im Gefängnis. – Wanderung durch die Wälder Maines; 1853 zweite Reise dorthin.

1848 Vorträge über zivilen Ungehorsam.

1849 *A Week on the Concord and Merrimack Rivers* nach einer 1839 unternommenen Reise – »Resistance to Civil Government«, 1866 als *On the Duty of Civil Disobedience (Über die Pflicht zum Ungehorsam gegen den Staat)*.

1854 *Walden, or Life in the Woods* (*Walden oder Leben in den Wäldern*).

1855 Reist, wie schon 1849 und 1850 und noch einmal 1857, nach Cape Cod.

1857 Lernt John Brown, Vorkämpfer der Sklavenbefreiung, kennen. 1859 Vorträge über Brown und über die Sklavenfrage.

1860 Letzte Wanderung.

1862 Stirbt am 6. Mai in Concord an Tuberkulose.

1863 *Excursions,* die erste einer Reihe postumer Veröffentlichungen. 1864 *The Maine Woods;* 1865 *Cape Cod;* 1866 *A Yankee in Canada, with Anti-Slavery and Reform Papers;* 1881–1892 Auswahl aus den Tagebüchern *(Early Spring in Massachusetts; Summer; Winter, Autumn)*; 1906 vollständige Ausgabe der Tagebücher im Rahmen der 21bändigen ›Walden Edition‹.

HENRY DAVID THOREAU, geboren 1817 in Concord, Massachusetts, hat seine Heimatstadt nur für einen zweijährigen Studienaufenthalt am Harvard College verlassen. Eine Zeitlang war er Privatsekretär Ralph Waldo Emersons. 1845 bezog er eine selbstgebaute Blockhütte am Walden-See, in der er zwei Jahre zurückgezogen lebte und *Walden oder Leben in den Wäldern* schrieb. Auf einem seiner Ausflüge in die Stadt wurde er verhaftet, weil er keine Steuern gezahlt hatte. In der Nacht, die er im Gefängnis verbrachte, konzipierte er seinen Essay *Über die Pflicht zum Ungehorsam gegen den Staat*. Nach seiner Rückkehr vom Walden-See arbeitete er als Landvermesser und engagierte sich bis zu seinem Tod gegen die Sklaverei. Thoreau starb 1862 an Tuberkulose.

Kleine Diogenes Taschenbücher

Die Bergpredigt
Aktuelle Texte aus dem Neuen Testament. Ausgewählt von Christian Strich. Mit einem Vorwort von H.G. Wells

Albert Camus
Weder Opfer noch Henker. Über eine neue Weltordnung. Mit einem Nachwort von Heinz Robert Schlette und einem Beitrag von Hans Mayer

Anton Čechov
Die Dame mit dem Hündchen. Zwei Erzählungen

Luciano De Crescenzo
Sokrates. Sein Leben und Denken

Friedrich Dürrenmatt
Die Panne. Eine noch mögliche Geschichte

Albert Einstein & Sigmund Freud
Warum Krieg? Ein Briefwechsel. Mit einem Essay von Isaac Asimov

Epikur
Über das Glück. Ausgewählte Texte. Vorwort von Ludwig Marcuse

Hermann Hesse
Gedichte. Ausgewählt von Christian Strich. Mit einem Essay des Autors über Gedichte. Mit einem Nachwort von Maria Nils

Patricia Highsmith
Drei Katzengeschichten

Hildegard von Bingen
Lieder. Zweisprachige Ausgabe lateinisch/deutsch. Ausgewählt von Silvia Sager. Vorwort von Walter Nigg

I Ging
Das Buch der Wandlungen. Herausgegeben von Thomas Cleary

Franz Kafka
Die Verwandlung. Erzählung
Brief an den Vater. Mit einem Vorwort von Max Brod

Immanuel Kant
Deines Lebens Sinn. Herausgegeben und mit einem Vorwort von Wolfgang Kraus

Lao Tse
Tao-Te-King. Mit einem Nachwort von Knut Walf

Die schönsten deutschen Liebesgedichte
Ausgewählt von Christian Strich

W. Somerset Maugham
Die Leidenschaft des Missionars. Erzählung

Mohammed
Die Stimme des Propheten Herausgegeben und Vorwort von Wolfgang Kraus

Michel de Montaigne
Um recht zu leben. Aus den Essais. Mit einem Vorwort von Egon Friedell

Christian Morgenstern
Galgenlieder. Ausgewählt von Christian Strich

Salomo
Weinen hat seine Zeit, Lachen hat seine Zeit. Die großen Dichtungen des König Salomo. Vorwort von Ludwig Marcuse

Patrick Süskind
Drei Geschichten

Susanna Tamaro
Eine Kindheit. Erzählung

Henry David Thoreau
Über die Pflicht zum Ungehorsam gegen den Staat. Mit einem Nachwort von Manfred Allié

H. D. Thoreau
Walden oder Leben in den Wäldern

Deutsch von Emma Emmerich und Tatjana Fischer.
Mit Anmerkungen, Chronik und Register.
Vorwort von Walter E. Richartz.

»Die bemitleidenswerteste Klasse sind die Menschen, die Geld aufgehäuft haben und nichts Besseres damit anzufangen wissen, als neues Geld aufzuhäufen...« Sechs Jahre nach dem ›Kommunistischen Manifest‹ lieferte Henry David Thoreau unter dem täuschend gemütvollen Titel *Leben in den Wäldern* ein Alternativprogramm zu Marx und Engels, das als zweite klassische Protestform des 19. Jahrhunderts bis heute fortwirkt. Marx versprach eine Welt ohne Ausbeuter nach der Weltrevolution – Thoreau mochte so lange nicht warten. Marx lehrte den gewaltsamen Umsturz – Thoreau praktizierte die Weigerung und inspirierte damit Gandhi und die französische Résistance, englische Gewerkschaften und die amerikanische Bürgerrechtsbewegung, Hippies und Wehrdienstverweigerer. Egon Friedell nannte ihn einen neuen Franz von Assisi, die Literaturgeschichte vergleicht ihn mit Montaigne – Thoreau wollte nur »Muße zum wirklichen Leben«.

Hermann Hesse – auch ein Thoreau-Schüler – über *Walden:* »Die amerikanische Literatur, so kühn und großartig sie ist, hat kein schöneres und tieferes Buch aufzuweisen.«

Heinrich Böll
Worte töten
Worte heilen

Gedanken über Lebenslust, Sittenwächter und Lufthändler
Ausgewählt und zusammengestellt von Daniel Keel
Mit einem Nachwort von Alfred Andersch

»Bücher sind nicht immer sanfte Freunde, Trostspender, die wie mit zierlichen Gartengeräten die eigene Seele wie einen kleinen Vorgarten pflegen: die Sprache ist etwas zu Gewaltiges, zu Kostbares, als daß sie zu bloßem Zierat dienen sollte, sie ist des Menschen wertvollster natürlicher Besitz: Regen und Wind, Waffe und Geliebte, Sonne und Nacht, Rose und Dynamit; aber niemals nur eins von diesen: sie ist nie ungefährlich, weil sie von allem etwas enthält: Brot, Zärtlichkeit, Haß und Tod. Denn alles Geschriebene ist gegen den Tod angeschrieben.«
Heinrich Böll

»Seine mutige, engagierte, wache und immer wieder mahnende Stimme wird uns fehlen.«
Richard von Weizsäcker

Thomas Morus
Utopia

Aus dem Lateinischen von Alfred Hartmann
Mit einem Porträt des Autors von
Erasmus von Rotterdam

»Die Insel Utopia ist vor allem deshalb eine menschenwürdige, weil ihre Bewohner so weitgehend von der Arbeitsfron befreit sind. Sechs Stunden mäßige Mühe reichen aus, um alle notwendigen Bedürfnisse zu befriedigen und auch genügend Vorrat für die Annehmlichkeiten herzustellen. Dann beginnt das Leben jenseits der Arbeit; es ist ein Leben der glücklichen, der liberalen Einheit der Familie, im schön bereiteten Haus, das mehrere Familien gleich Gästen verbindet. ... Alle Religionen haben in großartig unierender Toleranz Platz, auch Sonne-, Mond- und Planetenanbetung. Utopia ist das Eldorado der Glaubensfreiheit, um nicht zu sagen: das Pantheon aller guten Götter.«
Ernst Bloch